O olho itinerante

Jorge Emil

O olho itinerante

2ª edição

EDITORA RECORD
RIO DE JANEIRO • SÃO PAULO
2013

CIP-BRASIL. CATALOGAÇÃO NA FONTE
SINDICATO NACIONAL DOS EDITORES DE LIVROS, RJ

Emil, Jorge, 1970-
E46o   O olho itinerante / Jorge Emil. – 2ª ed. – Rio de Janeiro:
2ª ed.   Record, 2013.

ISBN 978-85-01-40065-9

1. Poesia brasileira. I. Título.

CDD: 869.91
12-4274   CDU: 821.134.3(81)-1

Copyright © by Jorge Emil, 2012

Capa: Flávia Castro

Texto revisado segundo o novo Acordo Ortográfico da Língua Portuguesa.

Direitos exclusivos desta edição reservados pela
EDITORA RECORD LTDA.
Rua Argentina 171 – 20921-380 – Rio de Janeiro, RJ – Tel.: 2585-2000

Impresso no Brasil

ISBN 978-85-01-40065-9

Seja um leitor preferencial Record.
Cadastre-se e receba informações sobre nossos
lançamentos e nossas promoções.

EDITORA AFILIADA

Atendimento e venda direta ao leitor:
mdireto@record.com.br ou (21) 2585-2002.

Sumário

O olho itinerante

Empurrão   11
A expansão   13
À beira d'água   15
O motim primordial   17
O perfume   19
Os exploradores   21
Bem no meio do pátio   23

A perder de vista

Construção de paisagem   27
Na lombeira da viagem   29
Fronteira   31
Visita ao mirante   33
Carta a um leitor   35
Estar pronto é tudo   37
Torre   39
Seres-camadas   41
Baile de máscaras   43
O pronto atendimento   45
Perguntas após o dilúvio   47
A graça do ano da graça de 2003   49
Caça ao tesouro   51

Me perdoo por me trair 53

Corda 55

Hábitat 57

Golpe de vista

A festa surpresa 61

A pista do antagonista 63

Minha vida é um livro aberto 65

Escapada 67

Bem ali na esquina 69

Golpe de vista 71

Lupa

A coleção de miniaturas 75

Lupa 77

Mesa um 79

Eu, Atlas 81

Um sujeitinho sujo 83

Idosos no supermercado 85

O acidentado 87

A testemunha 89

Lembretes 91

Intervalo

Intervalo 95

Ana Beatriz Felícia 97

Expedientes 99

Clínica Paraíso 101

O medicamento   103
Depois   105
Esta felicidade   107
Devoção ao devaneio   109

Miragem

Revestimento   113
Vaso sem flores   115
Éolo   117
Sopro   119
Miragem   121
Realidade   123
Lição de modéstia   125
Quando a noite se adensa   127
O toldo   129
Casal de Chagall   131
A última onda   133
O transeunte insondável   135
Ocaso   137
Em memória de um engenheiro   139
A restauração   141

Invisibilidade

Um detensor das árvores escreve na areia   145
Confidencial   147
Camuflagem e travessia   149
Discurso de despedida   151
Os indesejados   153

Na última tentativa   155
O ator-problema   157
Hiperbólico   159
Talismã   161
Apagão   163
Braille   165

Revisão

O resignado   169
Solipsismo   171
Ca-fe-i-nô-ma-no   173
Ritual de mulher-aranha   175
A fonte da juventude   177
É cedo para selar o silêncio   179
Acústica   181
A desimportância da revisão   183
A traição do verbo   185
Deslocamento   187

Outro ângulo

Plano B   191

O olho itinerante

EMPURRÃO

Baixa uma voz em mim,
seríssima e serena.
Uma voz 'que se acha'.
Em tom baixo me ordena:
— Em marcha!
E obedeço, bisonho.
Que querem que eu faça?
Não se fala em senha,
nem um mapa eu tenho,
nenhum dinheiro em caixa.
Escapo deste sonho?
Não posso apostar
um centavo que seja.
Antes isso. Antevejo,
contra todo o meu desejo,
que estranhas estratégias
com desígnios duvidosos
no caminho se adivinham
e sozinhas se desenham.

A EXPANSÃO

A paisagem não me aguenta mais.
Também já não te aguento, calor.
Com meu talento de caçador,
ainda abato o maior animal
deste mato onde morro
de tédio tropical; confisco-lhe a pele
e, farejando o frio, me sumo,
seguindo o rumo do rio.

À BEIRA D'ÁGUA,

nado? ou nada? É tudo igual?
Se pulo, sôfrego, apenas sofro
sem um fio de fôlego a fúria do rio
e, afobado, me afundo: afogado.
Se me preservo seco, sem nervos
e indiferente, não é muito diferente.

O MOTIM PRIMORDIAL

Se, assim que ganharam tino,
tivessem feito o cálculo
do alarde do seu destino

de construtores de cacos,
não teriam descido
do planeta de macacos.

Diz a mensagem do oráculo:
a aragem ficou na origem,
quando ainda não era tarde.

Sou um bípede covarde.
Não me sentisse tão fraco,
voltava já para a árvore.

O PERFUME

Afoito, andei a torto
e a direito de um canto
para outro, de um canto
para outro do planeta,
mas sempre o mesmo
fedor de desastre
predominando
impregnado
em toda parte
me fez inferir
que 'desde gonçalves
dias d'antanho
o mundo é estranho,
inviável. Não adianta
andar pelo mundo
porque ele não anda:
tresanda'. Desde então
ando sem descanso de um canto
para outro, de um canto
pestilento para outro
da varanda

OS EXPLORADORES

Um ou outro
desce e vai só, a pé,
pra melhor se expor ao pó
e pisar pedras e achar perdas
e pérolas nos percalços.
A maioria, tão veloz,
não sente, não vê o dia,
não sabe, sobre rodas,
que só existe a rota.

BEM NO MEIO DO PÁTIO

Ô geringonça. Começou desengonçada.
Traste. Não se trata de desgaste:
tão logo foi ligada, já era esse trambolho.
Trabalha nem-sei-como, dá trabalho
pra mil mouros. Estoura, estala, solta bolhas.
O dia todo — óleo e olho — é repará-la,
                    [ou maquiá-la,
maquinaria precária, preparada pra parar.

A perder de vista

CONSTRUÇÃO DE PAISAGEM

O olho, amargo de quanto já viu,
ao ver o horizonte ser tão só sertão
— mais longo e largo do que imaginara —,
para pra descansar. À beira de um lago
que suas próprias lágrimas criarão.

NA LOMBEIRA DA VIAGEM,

as novas imagens não vêm
da beira de um cochilo.
Os olhos, que reagem
e pousam na pastagem
onde os pássaros de sempre
acabaram de pousar,
ousam crer no irrepetível
das paisagens tão iguais;
e à promessa de fatias
variadas do real
não se enfastiam mais.
Ao crer para ver, você
cai em si ou sai de si?
A pura alegria do olhar
mistura boa vontade
ao mato alto das margens
e à poeira da passagem:
saltam verdes nunca vistos.
O mesmo trajeto é outro:
transforma-se o personagem.

FRONTEIRA

Tudo tomba, descamba
a partir daqui. Abaixo,
a terra se racha?
Nunca ouvi bichos
nem rumor de riacho.
Talvez só haja quedas
-d'água sem água,
até sem pedras,
sem fundo.
Ou
niágaras de regozijo,
terra prometida,
paraíso perdido,
pura celebração.
Quem quiser verifique.
Eu fico e me aferro
a meu palpite: a transcendência
espera enterrada em algum ponto
aquém da linha de limite.

VISITA AO MIRANTE

Você quer vir ver,
do pico da penha,
o microviver
na brenha da urbe?

Você dá por certo
que isso entretenha?
E que não perturbe
porque não é perto?

Daqui mal se avista
um poste ou uma pista:
se vê bem o mal,
disperso, total.

Sim, venha. Mas venha
com plena saúde
e 'espírito indômito'.
A esta distância,

o desenho das ruas
amua, amiúde;
a quietude da cena
dá ânsia de vômito.

CARTA A UM LEITOR

Você acusa meus versos
de escuros e pessimistas.
Diz que não vejo o reverso
do que se oferece à vista:
esse amor do universo
que a todos nos conquista.
Mas só mesmo um ET
poderá fugir ao óbvio,
pois, do óvni, ele vê
— com seus olhos furta-cores,
furta-dores, ora azuis —
um planeta impoluto,
diminuto e muito azul
na ilusão dos anos-luz.
De minha parte, por meu turno,
também quero estar em Marte
ou, quem sabe, em Saturno,
como você.

ESTAR PRONTO É TUDO

Meus para-choques!
Com dois cortes
— este e este —
e muita sorte,
sobreviveste
à pior peste
que grassou ao norte,
às batalhas leste-oeste
e à grande fome ao sul.
Mas evita fazer festa
e não tires a veste
de combate.
Não viste
as ameaças da morte
partindo de toda parte?
Podem chegar numa tarde
de trégua como esta.
O homem, treinado e triste,
é o eternamente prestes
a passar por novos testes.

TORRE

Como é fácil e fluido
declinar para o descuido
e quebrar-se feito gesso,
indefeso ante o mundo
— o de fora e o da cabeça.
Sem descurar um segundo
dos próximos cinco minutos
e os segundos de outros cinco
e mais outros de outros muitos,
sentir-se de sentinela,
sempre alerta na guarita,
até onde a vista alcança.
Por incrível que pareça,
isso é o que descansa.
Quem é dono de seu sono
faz contínua vigilância.

SERES-CAMADAS,
cascas sobre
cascas sob as quais
calamos o escarcéu.

Entre mim e o outro
jamais faltem véus,
filtro e distância:
para nos aproximarmos.

É mesmo uma missão,
ô vigia de fronteira,
instaurar a censura
entre o só e o social.

Pois dentro da pele,
ele — o louco
o tempo todo
na tempestade.

BAILE DE MÁSCARAS

A alma humana não vê beirada
nem boia nenhuma para apoiar-se.

Solta na bruma, no espaço nubloso,
no mar de sargaços revolto de espuma.

Foge o tempo, num átimo foge o
braço que transportava o relógio.

Cada minuto afoga um disfarce.
Ninguém chega ao ponto de conhecer-se.

O PRONTO ATENDIMENTO

Vento fraco, barco a vela,
navego e divago
devagar.

O mar revela não mostrar,
tão cedo,
terra.

Acendo a velha
e boa vela
que invoca 'um tempo novo'.

Vêm nove nuvens.
Cai negra neve.
Ai: chove navalha.

PERGUNTAS APÓS O DILÚVIO

Cada um, ao deus-dará,
está preso por um nó
à sua casquinha de noz?
À deriva, bilhões de nozes?
São vozes de fugitivos
as borbulhas lá no fundo?
Quis o mundo estar a sós?
O mundo todo se inunda
só pra livrar-se de nós?

A GRAÇA DO ANO DA GRAÇA DE 2003

Estar vivo há 33
— ai, Jesus! —
é a cruz, o meio,
o miolo do milagre.
Os dias a cada dia
sobem de cotação;
suas migalhas, reunidas,
são o banquete final.
E palavras tortas
vão se tornando
palavras de salvação.
'Sabia que o fundo do poço
tem subsolo?', diz
a boca, infeliz. E ri.

CAÇA AO TESOURO

Comum. Plebeu.
Um metro e
oitenta e um.
Podre de pobre.
Sempre deveu —

por isso, cobra:
acesso às cifras
e à cor do cobre!
Grita e se dobra.
E sofre e sofre.

Senha e cifra,
o sofrimento
obra, fabrica
a chave que abre
o cofre da cripta.

ME PERDOO POR ME TRAIR

Oco em mais de uma ocasião,
me deixei tragar pela areia, movediço.
Depois, a exaustão de emergir e emergir
com a sede dos renascidos. Não guardei forças
para julgar-me e punir-me. Por isso
fiquei forte para buscar solo firme.

CORDA

Um quadro sem ritmo está condenado.
O que a frase persegue é andamento.
Cadência é não cair. Faço ideia
de que fosso surgiria não fosse
um fio: a melopeia me sustendo.

HÁBITAT

Uma coisa trágica?
Negócio farsesco,
a vida. As caídas
de borco no esterco.
E o passe de mágica:
o porco-palhaço
tornando-se mico.

Cair na soberba?
Há redes que amparam
e impõem sua teia;
a lona de circo
completa o cerco;
o espaço preciso
exibe-se, exíguo;
assim não me perco.

Golpe de vista

A FESTA SURPRESA

'O melhor que você faz
é jamais olhar pra trás.'
Foi o que disse a voz
uivante da sensatez.

Mas eis que o passado atroz
ao meu olhar se desfaz,
pulverizando-se. Zás!
Vira uma nuvem de giz.

Antes, durante, após,
existiu só esta paz
envolvida em pó de arroz
que nem em sonho supus.

Da névoa, dos cafundós,
os amigos que não fiz
surgem todos de uma vez.

A PISTA DO ANTAGONISTA

I

É um jogo! — descobriu. Sem folheto explicativo,
segue às cegas. É preciso consertar, não, destruir
um secreto mecanismo que vem brincando consigo
de inimigo. Mês a mês indo atrás do prejuízo,
munido de crença até o último nível,
será impossível que vença uma vez?

II

Ele bem que se aplica, se dedica,
porém nunca identifica o vulto.
O estulto vai ajuntando dicas
e mais dificultoso tudo fica.

MINHA VIDA É UM LIVRO ABERTO

— digo de modo original —,
um livro *policial* aberto.
Então vou procurar indícios
do matador dos meus ideais.
Que grande cara eu seria
não fosse ele (ou talvez
eles: vai que é uma Confraria...).
A infância escarafunchada
e grifada, marcas na margem,
um possível culpado a cada
página, a cada parágrafo,
quase mesmo a cada frase.
Continuando a leitura,
logo existe uma legião,
e a lista fica ilegível
com tamanha anotação.
Será que se acha escondido
numa nota de rodapé?
No epílogo me resigno:
jamais saberei quem é.
Até que a última página
traz um espelho cristalino
e o leitor-investigador
pode encarar o assassino.

ESCAPADA

A alma, fumaça fujona, abandona
a carcaça que ainda funciona.
Vitória? Ligeira, pois não se demora.
E, enquanto pervaga sobrevoa sobrepaira
(morta de medo de desertar),
a carne em segredo comemora
essa libertação provisória.

BEM ALI NA ESQUINA

Alguns rostos vão se agregando a outros,
parecidos. O saldo não é saudade,
mas um gosto salgado, que até agrada.

Passou, num susto. Hoje parecem justos
os muitos clichês sobre a vida fugaz
— dos quais um jovem foge enquanto pode.

'Tudo de novo? Eu não aguentaria.
Como pude atravessar tanto tumulto
e esquecer aquele insulto inesquecível?'

Na volta da esquina, ele olha pro chão
e, ao passo que volta a seus passos aos nove,
descobre que seu filho é um adulto.

GOLPE DE VISTA

Toda vidinha tem metas
e setas indicando *meta-
física* — exceto a minha.

Correto? Errado,
se der certo meu projeto:
ver além dos objetos.

Dito e feito. Deito e fito,
meio sem foco, no além do teto,
um tipo de mito... ou um rito remoto.

Não o decifro. E não saber
me devora. Agora até ignoro
de que jeito é que se volta.

Lupa

A COLEÇÃO DE MINIATURAS

O doente delirante
é prensado contra as paredes
à medida que se agiganta
fustigado pela sede.

Melhor mesmo é que o mundo
seja imenso e de chumbo.
Mas que não desabe sobre
os soldadinhos de carne.

A consciência se expande
se formos boas formigas.
Desagradável ser grande;
Gulliver que o diga.

Há prazeres a mais
em sabores amenos.
Saber-se pequeno:
um pleno saber.

LUPA

Olho nu é cegante.
Negócio é o seguinte:

pra enxergar alguma graça
naquele que não se enxerga;

pra entrever um veio d'água
no seio dos seres de pedra,

tente uma lente que aumente
a simpatia, sim, a piedade.

Vê? Até o ácaro é carente.
E o pedante é um pedinte.

MESA UM

I

Eu quem sou? Ele é quem? Somos um
e não há nada que nos una.
Salvo, cada qual à sua mesa,
comermos tanto, e tão bem.
Comemos por todos, todos
são um. Comemos como
ninguém.

II

Os que cozem,
os que comem.
(Há famintos que nem
têm abdômen.)

Um *brandy*, outro brinde,
e ficas tão linda!
O trio confuso
parece uma dúzia.

Caras-de-abutre
tão cobiçosos
que só se nutrem
de seus negócios;

tensão entre sócios
insaciados.
Risadas mais altas:
culpa da Escócia.

Almas, almas.
Áridas áreas.
Salva de palmas
aniversárias.

Contas, contas.
Nomes, nomes.
Vamos, somem!
Dá um só homem:

o Homem Só.

EU, ATLAS

Nasce maiúsculo o Vocacionado Otário,
pronto a suster, com osso e músculo, a Cruz, o Globo,
o Sofrimento Coletivo. Bobo: a Grande Dor
é a dor de cada vivo, indivídua, não-cumulativa.

Para o Operário Cioso do Desnecessário,
esta dor, Dor! tão vívida nas costas,
capaz de liquidar qualquer dívida,
maior que as dores todas, agrupadas,

é apenas parte pequena de seu Calvário.

UM SUJEITINHO SUJO,

cuja indigência de ideias
lhe sugere o trabalho
de chamar a quem odeia
(o odiado crê-se amigo)
para um café, um cigarro
e milhares de falas ambíguas
com que primeiro acolhê-lo
para melhor humilhá-lo.

Olha a volúpia da raiva,
filtrada por raios dúbios!
E nem um laivo de culpa
perturba essa ocupação.

IDOSOS NO SUPERMERCADO

Entre peixe fresco
e vinho envelhecido,
produto antimofo
e seção de congelados,
ruga de uva-passa
e lata de conserva,
falam sem pausa.
A vida não passa
enquanto se conversa.

O ACIDENTADO

Desprezo — era o seu departamento.
Até sair ileso da capotagem.
Apartamento, comportamento, compartimentos:
quem quase virou reportagem,
quem quase deixou o mundo
arruma coragem pra deixar,
por ora, tudo fora de lugar.
Teve medo, e muito. Escapou
de ficar mudo. Quer mudar.

A TESTEMUNHA

Não teve sabor
salutar, de prêmio.
Nem foi um primor.
Foi, antes, azar,
o erro de estar
presente ali
e
(zurro de motor,
berro de acidente)
ver gente voar.
O afã milenar
e libertador
de erguer-se da terra
se erguendo em terror.

LEMBRETES

Oi, morte. Vê lá se eu me esqueceria de ti.
Da loja onde entro — comprar o presente, embrulhá-lo —,
sai o corpo embrulhado em papel prata entre bombeiros,
sob a mesma chuva que ajudou a arrojar o avião sobre a
                                         [cidade,
os que vinham do ar misturando-se aos que em terra
                                         [mourejavam.
Esses são presentes e avisos, que me dás.
Nem era preciso, ó carente: por detrás
do conforto transitório, dos risos e distrações,
continuas ocupando o lugar dos oceanos no coração que
                                         [vais comer.

Intervalo

INTERVALO

Nem um nem dez. Nem pés nem rosto.
Renúncia, não; nem o gosto da obstinação.
Entre a partícula e o bloco, entre a ira e a piedade,
nem solilóquio nem diálogo de verdades ou mentiras
a meia-voz ou aos brados. Não estoura de rir nem chora
quem desconfia que fossa e euforia foram e são fora de
[hora.

ANA BEATRIZ FELÍCIA

'Eu sou feliz o dia todo, todo dia.
Me canso! Nem criança é assim.
Deve ser um tipo raro de epilepsia.'

Querida, você avalia
quantos dariam suas vidas avaras
pra sofrer essa avaria?

EXPEDIENTES

Repare que multidão
vem ao mundo a trabalho.
Você veio, vê-se, a passeio.
Eu vim meio a meio, acho.
Ser assim é bom ou mau?
Noite sim, outra não,
pergunto isso ao deus
em que creio e não creio.

CLÍNICA PARAÍSO

Esta é nossa primeira, última
conversa; e já vai longa.
Bem-vindo; e já vou indo.
Relaxe; relatos
estão descartados.
Descanse; discursos,
aqui — como ursos
bipolares de grande porte
à caça de jugulares —,
são caçados até a morte.

O MEDICAMENTO

Viaja a cápsula
rumo ao cérebro em reforma
e ao coração em via
de sentir-se apaziguado.
Se o trajeto fosse feito sem registro,
seria muito mais rápido.
Mas a vida é isto: o diário, ampliado e revisto,
do típico turista que se *expressa*,
e quer ver-se impresso, e sem pressa viaja.
— Escrevo, não nego, apago quando puder.

DEPOIS

Neste momento
sei, não sei por quê:
um desgosto
dentro se apagou.

Como não se vê
a astúcia de um verme,
não o vi crescer em mim
e enfraquecer-me.

Foi sério. E sem dor.
Foi quando? Mistério
é descobrir um ferimento
já se fechando.

ESTA FELICIDADE. É um estorvo,
se absorvida pouco a pouco;
tem um gosto absurdo
de álcool mais que absoluto
e em dois minutos se evapora.
Melhor servir-se num sorvo só.

DEVOÇÃO AO DEVANEIO

Devo tudo ao devaneio.
Devaneio me resolve.
Amei-o desde o início,
ao deparar o primeiro
chato fazendo comício
em meus ouvidos tão jovens.
Veio então o devaneio
e voei até Varsóvia.

Veraneio sempre à mão.
Meu recurso. Meu recreio.
Usufruo sem receio
de que alguém me desaprove.
Provo todo devaneio,
sobretudo quando chove.
Devaneio me absolve,
sobretudo quando odeio.

Livro incrível que releio
num banheiro invisível.
Freio ao tédio que revolve
um calibre de revólver.
Delirio, não. Devaneio.
Ele me comove em cheio.
E me remove. Pro meio
do século dezenove.

Miragem

REVESTIMENTO

Verão em mim, então. Eu me despia
de ilusão. Insolência, insolação.

Outra estação. Usar a fantasia.
A lucidez vem na lufada fria.

VASO SEM FLORES

Debruçado na janela
vários verões, eu era
um mero vegetal.
Amarelo de poeira,
encardido de sossego,
alheio a seiva e sede.
Foi em verdade negro
aquele período verde.

ÉOLO

Que ar parado. Fui andando à cata de vento,
de um ponto alto onde pudesse encontrá-lo,
e no meio daquele caminho vermelho
topei, não com a pedra, mas com
um pedaço de espelho, e neguei o que vi.
Mal me suporto. Só gosto de vento.
O vento, sim: o vento gosta de mim e de si.

SOPRO

Na calmaria, a mente *sabe*
ou tem uma vaga ideia
de que ao longe circula
entre montes de areia
— mas o que será aquilo? —
alguma coisa intranquila.
Mas, ante a morte alheia,
no centro do descampado,
é a pele toda que *sente*
roçar bem rente
a presença arrepiante
da ausência de sentido.

MIRAGEM

De tanto ver,
vê-se de fora:
dois olhos cansados.
Pensa num canto
bastante longe,
floresta onde
agora resta
sob árvore velha,
um fruto caído,
um feto, um filho
coberto de folhas,
que nem pelas falhas
— as frestas — olha.

REALIDADE

Que bom vencer
feros impérios
com o poder
dos impropérios.

Expressar a repulsa
francamente;
é assim que se expulsa
toda doença.

O tempo volta
e evita
o ato impensado
e seus frutos horríveis.

É inútil querer que aconteça
o que já na cabeça aconteceu.

LIÇÃO DE MODÉSTIA

O sonho
aprimorou o filme que vi ontem à noite
e era o suprassumo do horror.
Meu roteirista interior, meu elenco, meu diretor
se superaram, e continuam,
sem reclamar salário, a meu dispor
para a próxima madrugada, inconscientes
de seu talento superior.

QUANDO A NOITE SE ADENSA,

penso que há um tempo imenso cheguei
solitário ao futuro e estou suspenso,
petrificado de esperança em algo
que o tempo retardatário traria.

É tarde. Cheguei cedo. Cedo ao sono.
O sonho me aconselha paciência
pois a luz que aguardo é tão rara
quanto a revelação da poesia.

A luz do dia bem pouco revela.
É ela de novo batendo na cara.

O TOLDO

Mas que limpidez!
O sol na moleira
das seis às seis
dura a vida inteira.

Forno eterno
em torno e no interno
do homem de terno
azul-inferno.

Dias plúmbeos
têm peso-pluma.
Seria nublado
o céu do meu céu.

CASAL DE CHAGALL

Acreditar não é vão nem
vil, viu?
Achei, do nada, que uma saída abriria
abril. Abriu!

No último grito, a pique de perder a
voz, vós,
meus olhos, me dais a
ver, ver-

tiginoso, o precipício, convocando ao
voo. Vou,
se também vieres; vem! é nossa
vez, vês?,

eu consigo, tu consegues — não te feres
nem me firo, confia! Prefiro, à queda,
o que me convida a continuar
com vida, contigo, no ar.

A ÚLTIMA ONDA

Finalmente a luz melhora!
mas já morre num instante.
O poente. O doente
diante de sua hora.

O TRANSEUNTE INSONDÁVEL

Um raio róseo-laranja
na franja; de repente
isso deflagra uma fieira
de pensamentos virgens
e tudo é outra coisa
e dentro é só vertigem.
Mas nenhum espanto se estampa
no rosto vazio, cheio
de escrúpulos no crepúsculo.

OCASO

Já não se foge. Fulge
a dura realidade
na idade madura,
no ocaso quase
do pensamento vivo.
E não é mais o caso
de trocar as coisas lidas
(na vida e noutros
livros, luminares)
pela treva pura —
a felicidade cega,
de tão burra.

EM MEMÓRIA DE UM ENGENHEIRO

'Fique feliz': foi sua fala
de nosso último diálogo
que prosseguiu cintilando
em mim como um comando.
(Bem agora ela cintila.)
Um privilégio escutá-la,
mas ainda não sei quando
serei capaz de cumpri-la.
Ah, retê-lo por mais tempo
e adiar a vinda ao templo
onde se exalta o exemplo
do exímio especialista
em construir as pistas
e edificar as pontes
— de qualquer ponto de vista
que aponte mil sentidos.
É um pai que se vai, porto
larguíssimo de ancorar.
Sua mais particular
alegria: deflagrar
a alegria do outro.

A RESTAURAÇÃO

Não, a retina não deve reter
a cena grotesca: a ofensa gratuita
logo depois do ritual de luto.
Não pode ser que reverbere muito
o vitupério estéril e louco,
feito uma série de socos no tórax,
chumbo fervente pingando no ouvido.
O outro sou eu, deus meu, e o outro
me deu um gosto de cinza na boca,
seguido de desengano e engulho.
Por ora, não há como olhar lá fora,
tanto lixo emperrou a porta
e bloqueou as janelas em volta.
Mas, muito em breve, removo o entulho,
de novo me abro à visão da rua
e, atraído pelo velho barulho
que sempre tornou tudo confortante,
vou deixar a chuva lavar meus olhos
durante horas, horas, horas, horas,
com o mesmo prazer que eu sentia antes.

Invisibilidade

UM DEFENSOR DAS ÁRVORES
ESCREVE NA AREIA:

Só dou minha palavra para assegurar
que, deus me livre, nenhum livro
— que digo? nem uma linha
de minha lavra haverá.

Apagada esta trama de palavras pelas ondas,
novas ondas de palavras talvez queiram
comunicar-se comigo. Mas câmbio
e desligo.

CONFIDENCIAL

Espero que não me ouçam
os poucos que me leem, mas
não esperem contar comigo.
Meu verso melhor, mais pródigo,
será redigido em código,
não vai entrar para a história
ou escória literária.
Vou dizê-lo em teu ouvido,
afagando teu cabelo.
Escreve o que te digo,
guarda isso que te falo:
minha glória verdadeira
é que tu queiras guardá-lo
— de primeira, mas é claro —
numa privilegiada
clareira da tua memória
à prova de violação.

CAMUFLAGEM E TRAVESSIA

Faça-se de parvo.
Não fique tão
pávido & pálido.
Perigo.

Que o hálito
exale
ares de alienação.

Só fale das
ideias falidas
ou esquálidas.

Arraste-se,
inválido & lânguido,
ao longo do
Vale dos Desvalidos.

DISCURSO DE DESPEDIDA

Solicito a vossa
paciência infinda
para que eu possa
palrar uma vez ainda.
Mostrei muito os dentes
eficientes de vendedor.
Pensei tanto e no entanto
não formei nenhuma ideia.
Ensaiei demais, enquanto
cancelavam-se as estreias.
Espectador, me fartei
de meus números inúmeros,
mesmo do último:
desdentado funcionário
aposentado e puído,
com desprezo pelo ofício
que assegurou sua vida
difícil. Nem mais um minuto:
cumpridas as horas
extras da vida besta,
um mero substituto
é tudo que quero agora.

OS INDESEJADOS

Com nossa imundície
e fome de ser e trapos
e sorrisos estropiados
e olhos íntimos de lágrimas
tão rápidas quanto belas
e velhos chinelos, canelas
de fora, foi heroico percorrermos
o frio mortal destes ermos:
agora esmolamos a esmo
na Cidade dos Deuses.
O que pedimos a eles?
Tão pouco. Um naco,
tico, floco, cisco
de entendimento de nós mesmos.

Ah, mas eles já foram avisados de nossas hordas.
E, ainda que mortos, duvido que abram suas portas.

NA ÚLTIMA TENTATIVA,

saiu aos gritos mandando o mundo calar o bico.
Mas só o ouviram uns quatro ou cinco
e ele viu que o tomariam por um excêntrico,
um bêbado, e se ririam de tanto ridículo.

Abdicou do 'restrito círculo de amigos',
microcosmo macroestrídulo.
Às vezes não fica nem mesmo consigo
pra ouvir o vácuo naquele cubículo.

O ATOR-PROBLEMA

Sua última aposta são as cadeiras vazias,
normalmente numerosas, para sua grande sorte;
é com elas que ainda estabelece alguma troca.
Ou ele morreu ou a plateia está morta.

A voz bate no teto e volta. O gesto, por mais aberto,
não passa do espectro de um vago sinal do náufrago
à nau imaginária que passa ao largo da ilha deserta.
Resta um subtexto: 'Perdi o barco e o bonde.'

O desenho da peça se desmancha
em histeria em fim de festa de criança
onde só quer saber de esconde-esconde
quem, ainda ontem, vivia de exibir-se.

HIPERBÓLICO

A 'espera interminável'
no prazo de uma palavra.
No milésimo de pausa
o 'atraso sem remédio'.

Dar o nome de suplício
ao que não passa de chatice.
Dizer 'foi tudo um fracasso'
e não ter sido nem isso.

TALISMÃ

Ninguém informa
cadê a maldita arma —
pra ser derretida
e tomar outra forma.
Estava envolvida num pano azul
e, sem mais, sumiu.

Revólveres se escondem
como presentes ilegais,
de amantes; diamantes
diante dos quais
nunca será bastante
a longa contemplação.

Alguém cultiva
atrás da estante
o objeto preto, amuleto feito
pra que se suporte a sorte
de venerá-lo até a morte
natural.

APAGÃO

Quando a nuvem ultrapreta
toldou o céu em definitivo,
quando a última lâmpada
conformou-se à agonia
e as ocupações — exibicionistas
quase todas — não puderam
prosseguir ou ser vistas,
para onde, para o que nos voltamos?
Não para dentro! que ninguém queria
um escuro ainda mais denso.
Fomos nos agarrando uns aos outros
até formar-se uma assembleia, uma algazarra,
votos incompreensíveis instituindo
o Dia Internacional da Noite.

BRAILLE

Conheço cada canto dos cômodos da casa.
Não há um toco de vela que impeça
o preto profundo, este 'defeito em nossas redes de energia'.
Oh, a maravilha de não poder fazer nada agora.

Mais lento que um acalanto, vejo
aquele que fui num lugar de há tantos anos
— a juventude em sobressaltos supérfluos
na cidade inchada de sol e vozerio.

Ficou mais fácil parar e tentar existir.
Ao menos hoje, os ganhos ganham das perdas.
Pelo que sou grato. Estou muito agradecido pelo fato
de ler o escuro, com o tato da mão esquerda.

Revisão

O RESIGNADO

Corri com tanta revolta
que tombei exausto no lugar exato
donde não saí, dando voltas
idiotas à minha volta.

No afã de ser preciso,
fiz todas, todas as emendas.
Mas perfeita era a versão primeira,
agora extraviada.

Vulcânicos, irrompem os tiques
de nossos pais e dos mais
impensáveis avós, pipocam em nós
e convém não coçar.

Dor e culpa me dão prumo.
Premido por mãos ancestrais,
queira ou não, meu sumo
exala seu cheiro cristão.

SOLIPSISMO

Quanto mais tombos toma
e abre rombos no joelho
e coleciona hematomas
quando quer correr com cãibra,
mais tromba consigo mesmo.

Quanto mais aleija o lombo
e deseja um ombro alheio,
mais encontra a própria sombra
— um espelho muito feio
trabalhando sempre contra.

CA-FE-I-NÔ-MA-NO, repito.
Nome difícil. Pois é.
Eu fenômeno serei
de virtude e não de vício
se pensar um tanto acima
e fizer assim a soma
(solução na própria rima,
numa sílaba sozinha):
cada xícara que tomo
amplifica minha
fé.

RITUAL DE MULHER-ARANHA,

sanha de asseio na lua cheia,
volta e meia no meio da madrugada
você não dorme (nem eu) enquanto não apanha
e esquadrinha na sua teia a trama
dos traumas, o drama que se emaranha
em remansos e recantos recônditos
nas entrelinhas da sua alma e da minha.

A FONTE DA JUVENTUDE

O *bourbon* desmembra o passado bom
e rimos de nossa verde ingenuidade.
Seríamos Sumidades do Milênio...

O mundo não se mostra a nosso engenho.
A experiência mostrou apenas
que jamais nos tornaríamos gênios.

Quanto ao mais, hoje não o somos menos:
peregrinos já perto do outro extremo,
continuamos genuinamente ingênuos.

É CEDO PARA SELAR O SILÊNCIO.
Vamos dar ouvidos ao vivido,
ao olvido, ao inventado.

Vamos nos envenenar de mexericos
como se um cento de mexericas
tivéssemos comido. Vamos encher a barriga

com o agridoce discurso do político, a sopa de letras
do advogado na tribuna. Como a língua é rica.
Como a língua é una. Vamos fazer-lhe um tributo.

Se quiserem cantar, cantem. E contem, contem
todas as aventuras irrelevantes que o ontem
contém.

ACÚSTICA

Tão bons os tambores, e também o timbre
negro desses cantores — os senhores da leveza.
Quantas vezes te salvaram a manhã?
Tã-rã, tã-tã.

Atenção ao clamor do estômago,
ao chiar da chaleira, ao mastigar
de boca aberta, ao estalo do osso.
Deixa ressoar.

Um pouco mais surdo ao fim da festa de arromba.
Chance de ouvir o barulho da sombra
subindo o lance de escadas.

O barítono-para-si-mesmo fere alegremente
as notas, mas conta com os azulejos
pra que seu canto retumbe, seu rugido.

Leste o poema mais lindo
(e ele ainda zumbe em ti),
falaste tanta besteira,
passaste cada pedaço!
Deixa, deixa repercutir.

A DESIMPORTÂNCIA DA REVISÃO

— Você queria voltar no tempo,
retendo a memória até este ponto?
— Não! — respondo, de pronto; um *não*
como nunca se ouviu mais redondo.
Primeiro, que eu pasmo de esquecimento:
entre ontem e hoje sempre um sismo
inaugura abismo atrás de abismo
e abismo não é bom de visitar.
Há também certo conforto no cansaço,
na indolência que já foi entusiasmo.
Além disso, não quero confirmações
e às vezes cismo: pode ter sido só mutismo
esse silêncio todo a que me devotei.

A TRAIÇÃO DO VERBO

Neurônios estreitos, trejeito de timidez,
talvez confusão de conceitos ou mesmo
defeito de dicção, o fato é que digo, contrafeito:
'Como? Feito cão, sem leito. Eu suspeito.'

Língua, língua, não tens peito nem proveito?
'Com efeito: não tem jeito. Mas aceito.'
Esse é o preceito perfeito. Que sempre desejo dizer
quando me deito. Que, prometo, um dia direi direito.

DESLOCAMENTO

Acorda; e pra sua própria surpresa
não se levanta, embora já esteja aceso.
Olha pro canto, acaricia a fronha,
peleja pra lembrar seu sonho, e lembra!
Também lembra que ontem disse a mesma coisa,
rouco, com o mesmo sufoco na garganta:
amanhã como hoje, amanhã como hoje.

Mas não. Despertou ainda mais sem força;
a língua desobedece (curioso:
é fadiga diversa, boa); não ousa
repetir a ladainha; não conversa
com essa vozinha interna e seu refrão
daninho que lá do inferno ecoa, ecoa.
Livre; está livre agora e adivinha
outras partes mais sonoras em si mesmo.
E começa a conhecer outra pessoa.

Outro ângulo

PLANO B

Uau! não gostou de nada que leu?
nenhum verso meu? Ah — normal.
Agora vá, leia o outro lado, o lodo
que eu omiti. O prodígio todo, ali.

Este livro foi composto na tipologia Bembo Std,
em corpo 11/15, e impresso em papel off-white
90g/m² no Sistema Digital Instant Duplex
da Divisão Gráfica da Distribuidora Record.